# BEI GRIN MACHT SICH IHR WISSEN BEZAHLT

- Wir veröffentlichen Ihre Hausarbeit,
  Bachelor- und Masterarbeit

- Ihr eigenes eBook und Buch -
  weltweit in allen wichtigen Shops

- Verdienen Sie an jedem Verkauf

Jetzt bei www.GRIN.com hochladen
und kostenlos publizieren

Pinar Kehribar Yorulmaz

# Qualitative Forschung und ihre Gütekriterien

GRIN Verlag

**Bibliografische Information der Deutschen Nationalbibliothek:**

Die Deutsche Bibliothek verzeichnet diese Publikation in der Deutschen National-
bibliografie; detaillierte bibliografische Daten sind im Internet über http://dnb.d-
nb.de/ abrufbar.

**Impressum:**

Copyright © 2011 GRIN Verlag GmbH
Druck und Bindung: Books on Demand GmbH, Norderstedt Germany
ISBN: 978-3-656-64716-4

**Dieses Buch bei GRIN:**

http://www.grin.com/de/e-book/272485/qualitative-forschung-und-ihre-guetekrite-
rien

**GRIN - Your knowledge has value**

Der GRIN Verlag publiziert seit 1998 wissenschaftliche Arbeiten von Studenten, Hochschullehrern und anderen Akademikern als eBook und gedrucktes Buch. Die Verlagswebsite www.grin.com ist die ideale Plattform zur Veröffentlichung von Hausarbeiten, Abschlussarbeiten, wissenschaftlichen Aufsätzen, Dissertationen und Fachbüchern.

**Besuchen Sie uns im Internet:**

http://www.grin.com/

http://www.facebook.com/grincom

http://www.twitter.com/grin_com

Eberhard Karls Universität Tübingen
Institut für Erziehungswissenschaft

# Qualitative Forschung und ihre Gütekriterien

Eine Ausarbeitung von Pinar Kehribar

im Rahmen des Seminars Qualitative Erhebungsmethoden WS 2010/2011

# Inhalt:

2

**Qualitative Forschung und ihre Gütekriterien**

In der Sozialforschung wurden lange Zeit vorzugsweise quantitative Methoden zur Datenerhebung und Auswertung verwendet, aber auch qualitative Methoden etablierten sich inzwischen zu einem wichtigen Bestandteil sozialwissenschaftlicher Forschung, vor allem wenn es um die Differenziertheit der Bedeutungen sozialer Handlungen geht. Den Beschreibungen und Erklärungen neuer gesellschaftlicher Erscheinungen aufgrund des raschen gesellschaftlichen Wandels durch die Globalisierung, der Zunahme sozialer Missstände und immer vielfältigeren Lebenswelten und Perspektiven, wird mit quantitativen Methoden nicht ausreichend gerecht. Qualitative und quantitative Forschung zielen beide auf die Beschreibung und Erklärung von gesellschaftlichen Phänomenen ab, doch abgesehen von unterschiedlichen wissenschafts- und erkenntnistheoretischen Bezügen und Leitgedanken, gibt es weitere Unterschiede, die sich durch die einzelnen Phasen des Forschungsprozesses, von der Entwicklung der Erhebungsinstrumente bis hin zur Auswertung der Daten, ziehen. Quantitative Forschung dient der Überprüfung meist bereits bekannter Theorien und Hypothesen und der Gewinnung vergleichbarer, statistisch analysierbarer Daten durch standardisierte Erhebungsverfahren. Qualitative Forschung hingegen, betrachtet den Gegenstand als Ganzes und entwickelt Theorien erst aus den gewonnenen, gegenstandsnahen und fallbezogenen Daten heraus. Qualitative Forschung wird oft nicht, als für sich allein stehende Forschung anerkannt und ihr Anspruch auf Gültigkeit wird immer wieder mit Kriterien quantitativer Forschung bewertet und verglichen. Qualitative und quantitative Forschung sollten aber nicht als Konkurrenz zueinander gesehen werden, vielmehr stehen sie ergänzend zueinander und dienen einem besseren Verständnis der jeweils gewonnenen Informationen (vgl. Weischer, 2007, S. 84-90).

In der vorliegende Arbeit sollen Gütekriterien vorgestellt werden, anhand derer die Qualität der Forschungsergebnisse bewertet werden soll.

# 1. Kriterien qualitativer Sozialforschung:

Es gibt keine allgemeingültige Definition von qualitativer Forschung, vielmehr handelt es sich um einen Sammelbegriff für verschiedene Methoden und Ansätze, die je nach Forschungsgegenstand, jeweils unterschiedliche Ziele verfolgen und von unterschiedlichen Bedingungen ausgehen (vgl. Steinke, 1999, S.15).

Ein Kennzeichen qualitativer Forschung ist die *Gegenstandsangemessenheit der Methoden und Theorien,* das heißt, die Methoden werden so offen gestaltet, dass eine ganzheitliche Betrachtung im alltäglichen Kontext des Untersuchungsgegenstands oder der untersuchten Person möglich ist. Ziel ist, Neues zu entdecken und aus den gewonnen Daten heraus, Theorien                                                                                                  aufzustellen.

Ein anderes Kriterium ist die *Berücksichtigung der Vielschichtigkeit der Perspektiven der Beteiligten,* es wird das Wissen und Handeln aller Beteiligten betrachtet. Das Kriterium der *Reflexivität des Forschers und der Forschung* spielt eine wichtige Rolle, denn bei qualitativer Forschung wird der Forscher selbst zum Erhebungsinstrument. Die subjektiven Sicht- und Handlungsweisen sowie Reflexionen des Forschers stellen keinen Störfaktor dar, im Gegenteil, sie fließen in die Interpretationen mit ein und werden zum Bestandteil des Forschungsprozesses.

Ein weiteres Kriterium ist das *Spektrum der Ansätze und Methoden,* denn wie oben erwähnt, beruht qualitative Forschung nicht auf einem einheitlichen, theoretischen und methodischen Verständnis. Es lassen sich drei Hauptansätze bestimmen: das Ansetzen bei subjektiven Sichtweisen, die Analyse von Interaktionen, die Rekonstruktion der Strukturen in sozialen Feldern und der Bedeutungen von Handlungen (vgl. Flick, 2007, S.26-30).

# 2. Gütekriterien qualitativer Sozialforschung:

Darüber wie qualitative Forschung bewertet werden soll, gibt es keine Einheitliche Meinung. Das Verfahren der „Selektive Plausibilisierung", bei der nur bestimmte Passagen und Textstellen herausgearbeitet und interpretiert werden, die dem Forscher wichtig erscheinen und typische Verhaltensweisen oder Regeln sozialen Handelns darstellen, unterliegt besonders häufig der Kritik. Das Problem der Nachvollziehbarkeit entstehe, weil untypische Fälle nicht ausreichend beleuchtet, gar ausklammert würden (vgl. Flick 2007 S. 488). Umso wichtiger ist die Klärung der Frage, anhand welcher Kriterien qualitative Forschung zu

4

bewerten ist, ob sich die klassischen Gütekriterien quantitativer Forschung auf qualitative Forschung übertragen lassen oder ob qualitative Forschung ihre eigenen Gütekriterien benötigt.

Aus der Literatur lassen sich drei Grundpositionen ableiten (vgl. Steinke, 1999, S.43ff):

1. die Anwendung quantitativer Kriterien für qualitative Forschung
2. die Entwicklung von neuen Kriterien speziell für qualitative Forschung
3. die Zurückweisung von Kriterien

## 2.1. Die Anwendung quantitativer Gütekriterien für qualitative Forschung:

Dieser Standpunkt bemüht sich um eine Einheitlichkeit der Gütekriterien für jeden Forschungstyp. Er geht davon aus, dass die zentralen Kriterien quantitativer Forschung, Reliabilität, Validität und Objektivität auch auf qualitative Forschung übertragbar sind. Allerdings sollten diese Kriterien für die qualitative Forschung reinterpretiert und angepasst werden (vgl Steinke, 1999,S.155).

**Reliabilität**, ist die Verlässlichkeit und Genauigkeit der Untersuchung. Sie soll die Brauchbarkeit des wissenschaftlichen Instrumentes beurteilen. Eine Untersuchung ist nach diesem Kriterium nur dann verlässlich, wenn es bei einer Wiederholung (Retest) unter denselben Umständen und Bedingungen zu demselben Ergebnis führt.

Kirk und Miller (1986) unterscheiden drei Formen der Reliabilität (vgl Flick 2007, S.489f):

1. quichotische Reliabilität bedeutet, es werden immer die gleichen Messergebnisse erzielt
2. diachrone Reliabilität ist die Genauigkeit der Messergebnisse im zeitlichen Verlauf einer Untersuchung
3. synchrone Reliabilität bedeutet die Unverändertheit der Ergebnisse unter Verwendung verschiedener Erhebungsinstrumente.

Die Verlässlichkeit der Untersuchung und die damit verbundene Wiederholbarkeit lassen sich jedoch nur bedingt auf qualitative Forschung übertragen. Qualitative Forschung ist alltagsbezogen und zirkular, sie bezieht sich nicht auf unveränderliche Untersuchungs-gegenstände, sondern auf einzigartige, nicht-standardisierte Untersuchungs-situationen.

Mit prozeduraler Reliabilität ist eine Erhöhung der Messgenauigkeit im Prozess der Datenerhebung gemeint. Die Qualität der Aufzeichnung und der Dokumentation der Daten gilt hier als Ausgangspunkt. Durch genaue Protokollierung, durch weitgehende Standardisierung der Aufzeichnungen und durch die Trennung von Beobachtung und Interpretation, wird eine bessere Überprüfung der Daten durch andere Personen möglich. Auch Transkriptionsregeln, die das Zustandekommen der Daten verdeutlichen sollen, Schulungen der Interviewer bzw. Beobachter und die Überprüfung der Thesen anhand anderer Passagen oder Textstellen, können die Reliabilität erhöhen. Es geht also darum, zu überprüfen, was die Aussage des untersuchten Subjekts ist und wo die Interpretation des Forschers beginnt (vgl. Flick, 2007, S.490ff).

**Validität** ist die Gültigkeit des Erhebungsverfahrens. Hier lautet die Frage, „Misst die Methode tatsächlich das, was sie vorgibt zu messen?" und „Sind die Konstruktionen des Forschers im Untersuchungsgegenstand bzw. in den Konstruktionen der Beforschten begründet?"

(vlg. Steinke, 1999, S.158; Flick, 2007, S.493). Wichtig für die Bestimmung der Validität ist das Zustandekommen der Daten und ihre detaillierte Darstellung. Bei Interviews, kann die Validität über eine Analyse der Interviewsituation überprüft werden. Hier wird betrachtet, ob der Inhalt des Gesagten zutrifft, ob das Gesagte sozial angemessen ist, ob das Gesagte aufrichtig ist und ob Interviewer und der Interviewte ein Bündnis eingegangen sind. Diese Analyse der Interviewsituation soll aufzeigen ob bestimmte Verzerrungen oder Täuschungen, auf das Interview oder auf die Interpretation des Forschers zurückzuführen sind. Eine gute Reliabilität, stellt eine notwenige, aber nicht ausreichende Bedingung für Validität dar.

Die **kommunikative Validierung**, schließt interviewte Personen in den weiteren Forschungsprozess mit ein. So kommen nach dem Interview, Forscher und interviewte Person erneut zusammen, um einen Konsens über das Gesagte und der entwickelten subjektiven Theorie herzustellen. Hier wird geprüft, ob der Forscher den Befragten richtig verstanden hat, das heißt, die kommunikative Validierung dient der Prüfung des Verstehens (vgl. Steinke, 1999, S.55).

Im Dialog mit der interviewten Person über die subjektive Theorie, kann die Theorie erweitert bzw. korrigiert werden.

Aber die formale Analyse der Interviewsituation, bzw. die Analyse des Zustandekommens der Daten, lassen nicht gleich auf die Inhalte und ihre angemessene Behandlung schließen (vgl. Flick, 2007, S.489). Die kommunikative Validierung birgt die Gefahr, dass der Interviewte die Sicht des Forschers übernimmt (vgl.Steinke, 1999, S.61).

Validität im Prozess der qualitativen Forschung (prozedurale Validität) kann gewährleistet werden, wenn der Forscher möglichst viel und gut zuhört und genaue Protokolle erstellt, die die Interpretationen und die anhand der gewonnenen Daten aufgestellte Theorie des Forschers,
für Nichtbeteiligte nachvollziehbar machen.

Es gibt es kein eindeutiges und klar geregeltes Vorgehen und keine eindeutigen Ergebnisse bei der Bestimmung von Validität, aber eine Tendenz, sie auf den Gesamtprozess zu verlagern um eine gewisse Transparenz über die Forschung herzustellen (vgl. Flick 2007, S.498f).

**Objektivität** in der empirischen Forschung bedeutet, dass die Untersuchung unabhängig vom Forscher ist. Sie ist also gegeben, wenn die Ergebnisse einer Erhebung unabhängig von den subjektiven Einflüssen des Forschers und intersubjektiv nachprüfbar sind. In der quantitativen Forschung kann Objektivität, unter anderem durch standardisierte Untersuchungssituationen erreicht werden und soll eine Neutralität der Untersuchung sichern. In der Diskussion um Gütekriterien qualitativer Forschung spielt Objektivität aber keine große Rolle. Sie ist nicht auf qualitative Forschung übertragbar, denn die Erhebungssituation ist bei qualitativer Forschung kaum standardisierbar, die subjektiven Wahrnehmungen des Forschers fließen in die Interpretationen mit ein und werden zum Bestandteil des Forschungsprozesses (vgl. Flick, 2007, S. 29).

## 2.2. Alternative Kriterien

Vertreter des Standpunktes, dass quantitative Gütekriterien nach Reformulierung auch auf qualitative Forschung übertragbar sind, sind unter anderem Lincoln und Guba mit ihrem Konzept des *Trustworthiness*, die auch Alternative Kriterien genannt werden. Lincoln und Guba schlagen vier Kriterien als Alternativen zu den klassischen Gütekriterien vor: Glaubwürdigkeit und Übertragbarkeit als Alternative zur Validität, Verlässlichkeit als

.

Alternative zur Reliabilität und Nachvollziehbarkeit als Alternative zur Objektivität (vgl. Flick, 2007, S.500f).

Als Methoden zur Überprüfung von Glaubwürdigkeit und Übertragbarkeit dienen:

1. „Member Checks", oben kommunikative Validierung genannt

2. „Peer Depriefing": Besprechungen mit nicht Beteiligten, neutralen Personen

3. „Persistent Observation" (beständige Beobachtung): eine ganzheitliche Betrachtung des Gegenstands

4. „Triangulation": Die Kombination verschiedener Methoden, Forscher, Untersuchungs- gruppten, etc.

5. dichte Beschreibung: detaillierte Beschreibung von Zeit, Ort, Kontext, kulturelle Rahmenbedingungen, etc. des Untersuchungsgegenstands

Die Verlässlichkeit aber auch das Kriterium der Nachvollziehbarkeit soll durch die Methode des *Auditing* überprüft werden. Im Auditingprozess, wird durch selbstkritische Reflexion des Forschers geprüft, ob die gewählten Methoden und die getroffenen Entscheidungen während des Forschungsprozesses, dem Forschungsgegenstands angemessen waren.

**2.3. Die Entwicklung von neuen Kriterien speziell für qualitative Forschung**

Qualitative Forschung lässt sich nicht aufgrund allgemeingültiger, verbindlicher Kriterien bewerten. Sie vereint unterschiedlichste Forschungsansätze und Methoden mit unterschiedlichsten Zielen unter ihrem Namen. Daher sollten zunächst, Kernkriterien formuliert werden, die je nach Untersuchungsgegenstand konkretisiert werden müssen. Eine der Hauptvertreterinnen dieser Position ist Ines Steinke, sie bringt folgende Vorschläge als eigene Gütekriterien qualitativer Forschung an (vgl. Steinke, 1999, S. 205-248):

**2.3.1. Intersubjektive Nachvollziehbarkeit:**

Die intersubjektive Nachvollziehbarkeit ist die Voraussetzung zur Prüfung anderer Kriterien. Eine Untersuchung ist ohne Dokumentation, wie diese Ergebnisse zustande gekommen sind, aus wissenschaftlicher Sicht wertlos. So soll durch die Dokumentation des Forschungsprozesses,

der Weg wie der Forscher zu seinen Ergebnissen gekommen ist, transparent gemacht werden.

Damit haben Leser die Möglichkeit, den Forschungsprozess Schritt für Schritt zu verfolgen, nachzuvollziehen und die Ergebnisse nach eigenen Maßstäben zu bewerten. Dokumentiert werden sollten das Vorverständnis des Forschers, seine Erwartungen an den Forschungsgegenstand, die Auswahl seiner Methoden zur Datenerhebung und Informationen über deren Entwicklung. Es sollten alle Daten zur Verfügung gestellt werden, so dass Leser die Angemessenheit der gewählten Methoden selbst beurteilen können. Dazu kommt die Dokumentation der angewendeten Transkriptionsregeln und Auswertungsmethoden, sowie der Informationsquellen.

Wichtig ist auch die Dokumentation von methodischen Entscheidungen und Problemen und Widersprüchen, die im Verlauf der Forschung auftreten. Und schließlich sollte der Forscher auch die Kriterien darlegen, denen seine Forschung genügen soll.

Weitere Wege der Herstellung von Nachvollziehbarkeit, sind die Interpretation in Gruppen und die Anwendung kodifizierter Verfahren. Kodifizierte Verfahren dienen der Vereinheitlichung des methodischen Vorgehens. Obwohl qualitative Forschung selbst, nicht standardisierbar ist, liegen heute z.B. mit dem narrativen Interview, der Objektiven Hermeneutik, der Analytischen Induktion und der Methode der Grounded Theory, verschiedene kodifizierte Verfahren vor, die die intersubjektive Nachvollziehbarkeit erleichtern (vgl. Steinke, 1999, S.213).

**2.3.2 Indikation des Forschungsprozesses:**

Mit dem Kriterium der Indikation wird nicht nur die Gegenstandsangemessenheit der Methoden geprüft, sondern auch methodische Entscheidungen die im Verlauf der Forschung getroffen wurden dahingehend betrachtet, ob sie angemessen sind. Es gibt sechs verschiedene Ebenen zur Klärung der Indikation (vgl. Steinke, 1999, S. 216ff):

1. Indikation des qualitativen Vorgehens:

Erst einmal ist zu klären, ob qualitative Verfahren überhaupt für die Fragestellung angemessen sind, oder ob nicht andere Verfahren nützlicher wären, so z.B. wenn es um Überprüfung von Hypothesen geht.

2. Indikation der Methodenwahl:

Ausgangspunkt für die Wahl der Methoden in der qualitativen Forschung, ist der Untersuchungsgegenstand. Um die Angemessenheit der gewählten Methoden zu überprüfen, sollte betrachtet werden, ob den Äußerungen der Untersuchten genügend Spielraum eingeräumt wurde, ob der Forscher lange genug im Untersuchungsfeld anwesend war, um sich vertraut zu machen, ob es zu einem Arbeitsbündnis zwischen Forscher und untersuchter Person gekommen ist, welches auf Offenheit und Vertrauen beruht, ob es zu Irritationen des Vorverständnisses des Forschers kommen konnte und ob die Methoden zur Erhebung und Auswertung überhaupt für den Untersuchungsgegenstand angemessen sind. Wenn nicht, sollten neue gegenstands-angemessene Methoden entwickelt werden.

3. Indikation von Transkriptionsregeln:

Es soll geprüft werden, ob die gewählten Transkriptionsregeln handhabbar und verständlich sind und die Texte durch die Transkription lesbar und interpretierbar sind.

4. Indikation der Samplingstrategie:

Die zu untersuchenden Textstellen sollten während des Forschungsprozesses, in Abhängigkeit zum Untersuchungsgegenstand und der sich entwickelnden Theorie, schrittweise ausgewählt werden. Hier soll geprüft werden, ob die einzelnen Untersuchungseinheiten in Bezug auf die Methoden und Theorien sinnvoll ausgewählt wurden.

5. Indikation der methodischen Einzelentscheidung im Kontext der gesamten Untersuchung:

Es soll geprüft werden, ob die Methoden der Erhebung und Auswertung zueinander passen, also ob die Methoden co-indiziert sind und ob die ausgewählten Methoden in Hinsicht auf die Ressourcen anwendbar sind.

6. Indikation von Bewertungskriterien:

Es muss überprüft werden, ob die Kriterien zur Bewertung der Untersuchung, dem Untersuchungsgegenstand, den ausgewählten Methoden und der Fragestellung angemessen sind.

### 2.3.3 Empirische Verankerung der Theoriebildung und -prüfung

Die Theoriebildung und Theorieprüfung erfolgt in der qualitativen Forschung anhand der gewonnen Daten. Bei diesem Kriterium geht es darum abzusichern, dass die Ergebnisse und die Theorie tatsächlich in den Daten und Zusammenhängen verankert sind. Die Empirische Verankerung der Theoriebildung kann durch Anwendung kodifizierter Verfahren wie grounded theory oder Objektive Hermeneutik zur Datenanalyse verwendet werden.

Zur Theorieprüfung sollten ausreichende Textstellen und Beobachtungen vorgelegt werden, die Theorie stützen. Dadurch kann der Leser die Schlussfolgerungen des Forschers nachvollziehen. Hier ist auch wichtig zu prüfen, wie mit Widersprüchen und abweichenden Fällen umgegangen wurde, denn negative Textstellen sind keineswegs zu ignorieren. Vielmehr sollte die entwickelte Theorie so modifiziert werden, dass sie auch negative Fälle erklären kann. Dies kann mit Hilfe der analytischen Induktion geschehen. Die analytische Induktion hat das Ziel, die entwickelten Theorien und Erkenntnisse durch die Analyse bzw. Integration abweichender Fälle abzusichern. So werden aufgestellte Hypothesen so oft umformuliert, bis sie allgemeine Gültigkeit erlangen. (vgl. Flick, 2007, S. 521).

Weitere Strategien zur Sicherung der empirischen Verankerung sind die Prüfung der Prognosen, die sich aus der Theorie ableiten lassen und die kommunikative Validierung, bei der Daten, Ergebnisse und Theorie, der untersuchten Person vorgelegt werden, die dann das Verstandene bestätigt oder korrigiert.

## 2.3.4 Limitation bzw. Verallgemeinerung

Qualitative Forschung ist kontextbezogen, dennoch soll eine gewisse Verallgemeinerbarkeit angestrebt werden. Für das Kriterium der Limitation, sollen die Kontexte, die für den Untersuchungsgegenstand relevant sind beschrieben und Grenzen der entwickelten Theorie bestimmt werden, um unzulässige Verallgemeinerungen auszuschließen. Es wird geprüft inwiefern diese Theorie auf andere Personen und Kontexte übertragbar ist. Eines der Verfahren zur Sicherung des Kriteriums der Limitation ist die Fallkontrastierung. Hier werden minimal und maximal unterschiedliche Fälle analysiert und verglichen um Elemente, Ursachen und Bedingungen herauszuarbeiten, die für die Gültigkeit der Theorie ausreichend sind (vgl.Steinke, 1999, S. 227ff.)

## 2.3.5 Reflektierte Subjektivität

In der qualitativen Forschung wird nicht nur die Subjektive Sicht der Untersuchten Person, sondern auch die des Forschers in den Forschungsprozess mit eingebunden. Das Kriterium der reflektierten Subjektivität soll überprüfen, ob die Rolle des Forschers als Teil der Untersuchung ausreichend reflektiert wurde. In Bezug auf den gesamten Forschungsprozess stellen sich die Fragen, ob der Forschungsprozess durch Selbstbeobachtung begleitet wurde und ob persönliche Voraussetzungen (Beruf, kulturelle Herkunft, etc.) des Forschers in Bezug auf den Untersuchungsgegenstand reflektiert wurden. In Bezug auf einzelne Etappen des

Forschungsprozesses interessiert, ob die biographische Beziehung des Forschers zum Forschungsthema reflektiert wird und wie die Beziehung des Forschers zur untersuchten Person aufgebaut ist. Auch die Frage ob der Einstieg ins Untersuchungsfeld reflektiert wurde, dient der Sicherung des Kriteriums der reflektierten Subjektivität (vgl. Steinke, 1999, S.231 ff.).

### 2.3.6 Kohärenz

Das Kriterium der Kohärenz erwartet, dass die aufgestellte Theorie logisch, nachvollziehbar und in sich schlüssig ist. Es soll geprüft werden, wie mit Widersprüchen und Ungereimtheiten in den erhobenen Daten umgegangen wird. Wichtig ist, Fragen und Widersprüche offen zu legen und nicht zu ignorieren (vgl. Steinke, 1999, S. 239).

### 2.3.7 Relevanz

Dieses Kriterium bezieht sich zum einen auf die Relevanz der Fragestellung und zum anderen auf die Relevanz der entwickelten Theorie. Fragen, die der Forscher sich für die Sicherung dieses Kriteriums stellen muss, sind: „Werden durch die Theorie neue Deutungen dargelegt?", „Liefert die Theorie Erklärungen für den Untersuchungsgegenstand?", „Regt die Theorie zur Lösung von Problemen an?" und „ Sind die Ergebnisse verallgemeinerbar?"

### 2.4 Postmoderne Ablehnung von Kriterien

Vertreter der dritten Grundposition, lehnen Kriterien grundsätzlich ab. Soziale Realitäten, die angewandten Methoden und die Forschungsprozesse seien so vielfältig, dass für sie kein festes Bezugsystem existieren könne. Sie sehen die Nutzung von Kriterien, unter anderem als unvereinbar mit der Grundlage des sozialen Konstruktivismus an. Demnach kann es keine allgemeingültigen Kriterien für die Bewertung von Erkenntnis geben. Diese Position zieht allerdings einige Probleme mit sich und ist starker Kritik ausgesetzt, denn durch die konsequente Ablehnung von Gütekriterien, wird qualitative Forschung der Gefahr von Beliebigkeit und Willkür ausgesetzt. Dies ist bereits ein häufig geäußerter Vorwurf gegenüber qualitativer Forschung und würde ihrer Anerkennung als selbstständige Forschungsrichtung schaden.

Des Weiteren ist eine Untersuchung ohne Berücksichtigung von Kriterien schwer nachvollziehbar, interpretierbar und letztlich wenig überzeugend (vgl. Steinke, 2000, S. 321f).

## 4. Fazit

Die Frage nach der Bewertung qualitativer Forschung ist nach wie vor Gegenstand Debatten. Oben wurden verschiedene Positionen dargestellt. Die Übernahme quantitativer Gütekriterien ist nur bedingt sinnvoll, dazu unterscheiden sich da sich die erkenntnistheoretischen und methodologischen Prinzipien zu stark. Im direkten Vergleich unter Anwendung der selben Kriterien, schneidet qualitative Forschung schlechter ab. In der Analyse der Kriterien lässt sich aber feststellen, dass die Ziele und Konzepte die dahinter stecken, entsprechend angepasst, durchaus auf qualitative Forschung übertragbar sind. So halte ich es für eine gute Möglichkeit sich an den Kriterien der quantitativen Forschung zu orientieren, diese zu modifizieren und umzubenennen wie es Lincon und Guba einführten (siehe Punkt 2.2 Alternative Kriterien). Durch die Benutzung der Begriffe Glaubwürdigkeit, Übertragbarkeit, Verlässlichkeit und Nachvollziehbarkeit anstelle von Validität, Reliabilität und Objektivität, wird vermieden dass Erwartungen an die Forschung gestellt werden, die nicht erfüllt werden können. Der direkte Vergleich von quantitativer und qualitativer Forschung wird dadurch aufgehoben. Die Ablehnung jeglicher Kriterien für die qualitative Forschung, halte ich für problematisch und kontraproduktiv in der Bemühung nach Anerkennung als wissenschaftliche Forschung. Allgemein ist es wichtig, dass auch qualitative Forschung ihre wissenschaftliche Qualität absichert und sich weiter etabliert. Die Kriterienvorschläge von Ines Steinke bilden einen gelungenen Rahmen zur Orientierung und bieten die nötige Offenheit. Letztlich muss der Forscher nicht nur in Bezug auf seine Methodenwahl sondern auch hier entscheiden welche Bewertungskriterien für seine Forschung angemessen sind.

# Literatur

Flick,U.: Qualitative Sozialforschung –Eine Einführung. Rowohlt, Reinbek b. Hamburg, 2007

Seipel, C/ Rieker, P: Integrative Sozialforschung: Konzepte und Methoden der qualitativen und quantitativen empirischen Forschung. Juventa 2003

Steinke, I.: Gütekriterien qualitativer Forschung. In: Flick,U./Kardorff,E./Steinke,I.(Hg): Qualitative Forschung- Ein Handbuch. Rowohlt, Reinbek b. Hamburg 2000

Steinke, I.: Kriterien qualitativer Forschung: Ansätze zur Bewertung qualitativ-empirischer Sozialforschung. Juventa. Weinheim, 1999